FULL SCORE
ECF-0037

ブループリント

A Blueprint

作曲：石毛里佳
Rika Ishige

フレックス4重奏
管楽器4パート

Part 1
Flute / Oboe / E♭ Clarinet / B♭ Clarinet /
Soprano Saxophone / Alto Saxophone / B♭ Trumpet

Part 2
Flute / Oboe / B♭ Clarinet / Alto Saxophone / B♭ Trumpet / F Horn

Part 3
Flute / Oboe / Bassoon / B♭ Clarinet / Alto Clarinet /
Tenor Saxophone / F Horn / Trombone / Euphonium

Part 4
Alto Flute / Bassoon / Bass Clarinet / Baritone Saxophone /
Trombone / Euphonium / Tuba / String Bass

■編成について
演奏の参考になるよう【奨励編成】をいくつか提示しています。奨励編成を基準とした上で、不足楽器を該当パートの他楽器に入れ替えて編成を組むと演奏しやすいでしょう。また、奨励編成に限らず、フレックスという言葉が意味するように、奏者それぞれで独自性のある編成を考えて、独創性に富んだアンサンブル表現を創り出してみるのも良いでしょう。その際、音量のバランスに気を配ることを忘れないでください。

【奨励編成】　Part 1 / Part 2 / Part 3 / Part 4 の順で表記しています。

(1) Fl. / A.Sax. / B♭ Cl. / B.Cl.
(2) Trp. / Hrn. / Trb. / Tub.

ブループリント
A Blueprint

フレックス4重奏
管楽器4パート

■作曲者コメント

フレキシブル編成なので、なるべく特定の楽器の音色を想定しないように書きました。色々な編成を試していただければと思います。また、オーソドックスでありつつ、和声感や各声部の対位法的絡み合いが楽しめるように意識しました。

（by 石毛里佳）

■作曲者プロフィール / 石毛里佳　　Rika Ishige

東京藝術大学音楽学部作曲科卒業。吹奏楽曲や室内楽曲が、多数出版・録音されている。
2004年に田村真寛の委嘱により作曲した『Muta in concerto』(Solo Sax.&Wind.orch.)が2007年度下谷奨励賞を受賞。
他に、アニメのキャラクターソングやライブのSE、BGMの作曲、アレンジなど、幅広く活動中。
2012年、作詞作曲を担当した『永遠のとびら』がNHKみんなのうたで放送された。

ブループリント
A Blueprint

石毛 里佳
Rika Ishige

I

ご注文について

楽譜のご注文はウィンズスコア、エレヴァートミュージックのWEBサイト、または全国の楽器店ならびに書店にて。

●ウィンズスコアWEBサイト
吹奏楽譜／アンサンブル楽譜／ソロ楽譜

winds-score.com
左側のQRコードより
WEBサイトへアクセスし
ご注文ください。

ご注文方法に関しての
詳細はこちら▶

●エレヴァートミュージックWEBサイト
ウィンズスコアが展開する合唱・器楽系楽譜の専門レーベル

elevato-music.com
左側のQRコードより
WEBサイトへアクセスし
ご注文ください。

ご注文方法に関しての
詳細はこちら▶

TEL:0120-713-771　FAX:03-6809-0594
（ウィンズスコア、エレヴァートミュージック共通）

※この出版物の全部または一部を権利者に無断で複製（コピー）することは、著作権の侵害にあたり、著作権法により罰せられます。

※造本には十分注意しておりますが、万一、落丁・乱丁などの不良品がありましたらお取り替えいたします。また、ご意見・ご感想もホームページより受け付けておりますので、お気軽にお問い合わせください。

Part 1
Oboe

ブループリント
A Blueprint

石毛 里佳
Rika Ishige

I

Part 1
B♭ Clarinet / Soprano Saxophone / B♭ Trumpet

ブループリント
A Blueprint

石毛 里佳
Rika Ishige

I

Part 2
Flute / Oboe

ブループリント
A Blueprint

石毛 里佳
Rika Ishige

I

Part 2
B♭ Clarinet / B♭ Trumpet

ブループリント
A Blueprint

石毛 里佳
Rika Ishige

I

Part 2
Alto Saxophone

ブループリント
A Blueprint

石毛 里佳
Rika Ishige

I

ブループリント
A Blueprint

石毛 里佳
Rika Ishige

I

Part 3
Flute / Oboe

ブループリント
A Blueprint

石毛 里佳
Rika Ishige

I

Part 3
Alto Clarinet

ブループリント
A Blueprint

石毛 里佳
Rika Ishige

I

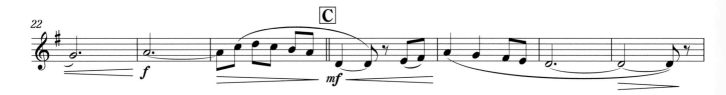

Part 3
Tenor Saxophone

ブループリント
A Blueprint

石毛 里佳
Rika Ishige

I

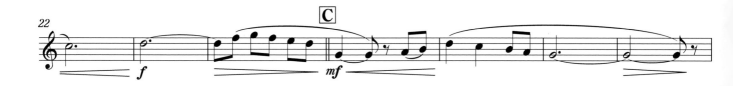

Part 4
Trombone / Euphonium / Bassoon

ブループリント
A Blueprint

石毛 里佳
Rika Ishige

I

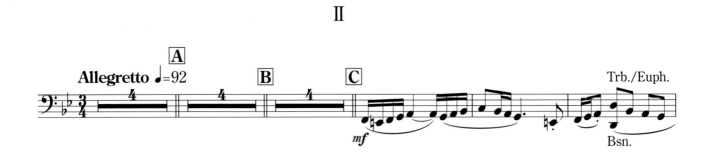

Part 4
Alto Flute

ブループリント
A Blueprint

石毛 里佳
Rika Ishige

I

ブループリント - 2

Part 4
Alto Flute

II

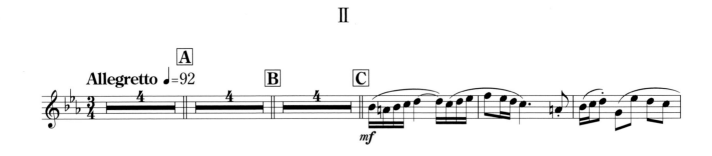

Part 4
Bass Clarinet

ブループリント
A Blueprint

石毛 里佳
Rika Ishige

I

Part 4
Baritone Saxophone

ブループリント
A Blueprint

石毛 里佳
Rika Ishige

I

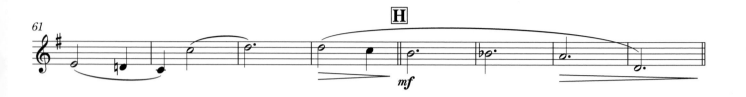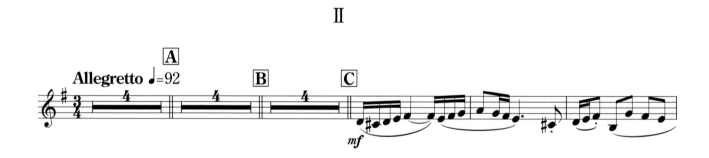

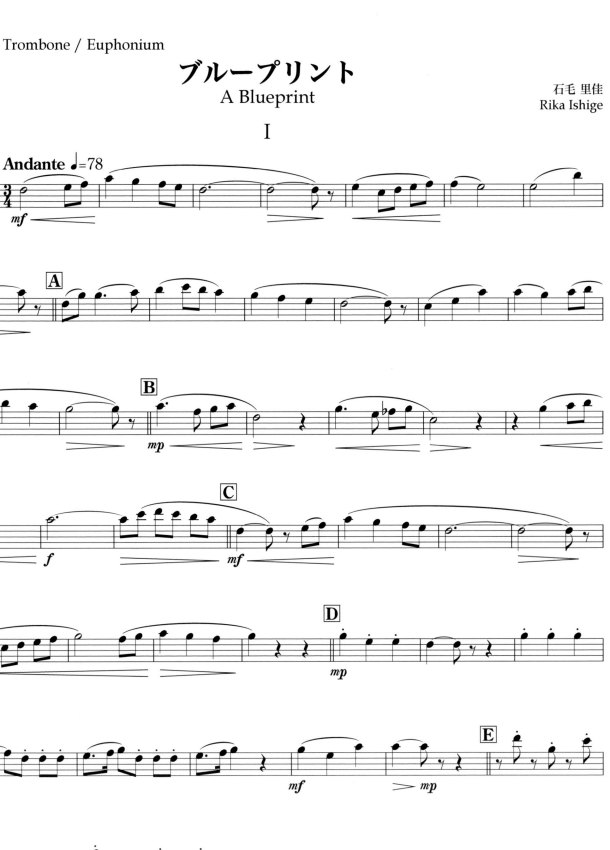

Part 4
String Bass

ブループリント
A Blueprint

石毛 里佳
Rika Ishige

I

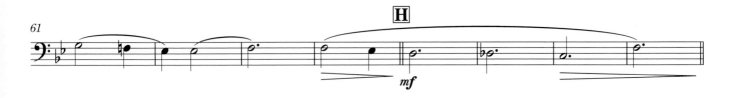

II

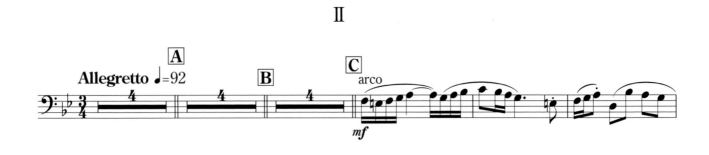